Joshua Clausnitzer

Spiele der Wörter

Joshua Clausnitzer

Spiele der Wörter

Bibliografische Information der Deutschen Nationalbibliothek:
Die Deutsche Nationalbibliothek verzeichnet diese Publikation
in der Deutschen Nationalbibliografie; detaillierte
bibliografische Daten sind im Internet über dnb.d-nb.de
abrufbar.

TWENTYSIX – der Self-Publishing-Verlag
Eine Kooperation zwischen der Verlagsgruppe Random House
und BoD – Books on Demand

© 2017 Joshua Clausnitzer
© 2017 (Cover) Angela Clausnitzer

Herstellung und Verlag:
BoD – Books on Demand, Norderstedt

ISBN: 978-3-7407-3034-5

Der Kampf (Sie kam, ich sah...)

Sie kommt herein gezischt,
das elende Biest,
meine Vernunft sofort erlischt,
schneller als wenn man niest.

Bedrohlich nähert sie sich an,
fuchtel' wild umher,
erbost sie dann,
erbose ich noch mehr.

Ein Schlag hier,
Ein Schlag dort,
das verdammte Tier,
Mord an diesem Ort.

Gekonnt treibt sie mich in die Enge,
beflügelt in den Wahnsinn.
Ihre fein dosierte Stichmenge,
hängt schon in mir drin.

Ich will mich wehren,
doch kann es nicht,
wenn meine Schmerzen sich vermehren,
ist Ende der Schicht.

Ich balle meine Fäuste,
letzte Kraft, letzter Schlag,
das was sie gar nicht mag.

Ich lande einen Wirkungstreffer,
sie fällt zu Boden,
doch es gelingt ihr,
den finalen Stich zu setzen,
in meinen …

Körper!

Der Schmerz,
im Herz,
sitzt tief,
Adern pochen,
hat mich das Vieh
zunichte gestochen.

Mit einem süffisanten Lächeln,
geht sie dahin,
ihr Stachel bleibt in mir drin.

Ich sehne mich nach Erlösung,
schreie auf,
schon nimmt das Schicksal seinen Lauf.

Ich höre eine Stimme,
besonders schlimme:
„ Schaaaaatz, Essen ist fertig!"

Einfall

Wenn der Einfall mir mal wieder geschwind entrinnt,
vor dem inneren Auge, das weinende Kind,
möchte ich den Ausfall machen,
zu ganz anderen Sachen,
welche mich berühren und verführen,
so dass den Einfall ich komplett umgeh',
kein Weh' oder Oh jemine,
denn meine Seele befreit gescheit,
mich von den dunklen Trieben,
die mich schwarz küssend lieben,
keine Sorgen mehr entstehend,
neuen Wind wehend,
mich zum Einfall bringen,
dieses Mal wird es mir gelingen.

Veritas in Veritas

Es kann vieles passieren,
Man kann Berge passieren.
Was will man mehr?
Ich kann nicht mehr...

Vieles kriegen wir geschenkt.
Vieles davon, geschenkt.
Es ist schlecht verlaufen,
Wir haben uns erneut verlaufen.

In der Schule plagen wir uns mit dem Versetzen.
Bei einem Date plagen wir uns mit dem Versetzen.
Wir bringen uns oft in brenzlige Lagen,
Welche vielleicht an uns lagen...

Ach was soll's?, wenn ich darauf pfeife,
Rauche gemütlich meine Pfeife
Und spiele mit der Pfeife.

Was bringt uns Sicherheit?
Sind wir dadurch sicher heiter?
Das Kribbeln auf meiner Haut,
Wenn die Politik es verhaut.

Wir sollten uns erlaben, an Weinen,
Diese sind wahrlich nicht zum Weinen.
Manche sind zwar gebraucht,
Doch ich habe sie alle gebraucht.

Manche werden eine Straftat begehen.
Manche werden das Gefängnis begehen.

Was kann man darauf beziehen?
Vielleicht Betten beziehen?

Es fehlt an allen Stellen.
Wie können wir das wieder richtig stellen?
Am Anfang, Bescheidenheit stellen.

Er ist besonders wichtig, unser Ausdruck.
Das Buch liebt ihn, den Ausdruck.
Kann man schon bald erlangen.
Kann man schon bald verlangen.

Auf dem hohen Rosse, mancher von uns, Schimmel.
Im Haus, in den schwer erkennbaren Ecken, Schimmel.
Manchmal schrillt die Sirene.
Manchmal erscheint die Sirene.

Metall kann es sein, verzogen.
Kinder können es sein, verzogen.
Es wird so manches schief gehen.
Es wird so manch Betrunkener schief gehen.

Wir werden uns regen, wenn wir im regen Regen stehen.
Wir werden sehen, wenn wir Seen sehen.
Wir werden klingen, wenn unsere Klingen klingen.
Wir werden uns verabschieden, wenn wir uns unentschieden
dagegen entschieden.

Von Kias und Wunden

Ich versuche es, mit Gefühl,
Will von euch nur eines, Mitgefühl.
Ich will mich mit euch messen,
Nicht so gerne in katholischen Messen.

Ich komme erst gar nicht zum Erlegen,
Frage mich, welche Karte wird er legen?
Er, der Bauer, Erbauer, baut,
Ist nicht wirklich erbaut.

Im Glanz der Sonne, perlen Perlen.
Massive Berge bergen sie, im Bergmassiv.
Ich kann alles mit meinen eigenen Augen bezeugen.
Sie ist gekommen, die Zeit der Zeugen.

In welchem Raumzeitkontinuum befinden wir uns?
Ich befürchte eher, im Traumzeitkontinuum...

Es ist mal wieder alles Lug und Trug,
Wie die Last, die ich trug.
Noch nicht mal Saskia,
Fährt einen Kia!

Zu diesem Bösen Spiel, ziehe ich keine heitere Miene,
Trete versehentlich auf eine Mine,
Gott Sei Dank, nur die vom Bleistift...

Ich bin ein kleiner Tölpel, in der B-Note,
Wenn ich mich so benote.
Weiß nicht, wie ich heiß',
Mir ist kalt, nicht heiß.

Kann mich kaum noch konzentrieren, auf Herbert,
Rufe stattdessen, Komm mal her, Bert!
Auf Kleinigkeiten, lässt es sich immer konzentrieren,
Können heilen, können helfen, bei wunden Wunden.

Was kann er wirken?
Was kann ich erwirken?
Posthuman, frage ich mich,
Ist die Post human?

Kleine Weisheit

Wichtig ist,
der richtig isst.
Ob das wirklich richtig ist?

Es liegt an dir, bis,
zum Biss,
du richtig bist.

Konversieren und Konservieren

Unterhaltung, Erhaltung.
Konversation, Konservation, oder doch Konservierung?
Was ich davon halte, wenn ich mich unterhalte,
nachdem ich eine Antwort erhalte?

Weiß nicht so recht, ob schlecht, ob echt.
Moderne, Tradition.

Konversiere ich auf Twitter, so konserviere ich Dämlichkeit,
ziemlich bitter...
Will mich nicht länger unterhalten, abkühlen,
Kopf unter's Wasser halten.

Will das Gespräch nicht länger erhalten, abschalten,
keine Nachrichten mehr erhalten.

Bleib' ich ich, konservier' ich dich.
Willst du mich, konversier' ich.
Ist alles vorbei, ist alles einerlei.

Konversieren und Konservieren.
Unterhaltung oder Erhaltung?

Von Trivialitäten und Kostbarkeiten

Ich schaue durch meine Linse in mein Objektiv,
Aber bleibe ich dabei auch objektiv?
Ich vertreibe mir die Zeit mit überlegen,
Ist der homo sapiens sapiens wirklich überlegen?

Ich könnte vor mich hin summen
Und denke mal wieder an gewaltige Summen.
Ich muss doch noch meine neue Küche anzahlen,
So denke ich erneut an Zahlen.

Bin stets auf der Suche nach Information,
Also begebe ich mich in Formation.
Es juckt meine Kopfhaut,
Während sich ein Passant an seinen Kopf haut.

So bin ich also ein paar Schritte gegangen
Und wer glaubt es? Es ist gut gegangen.
Mit meinem Smartphone durchsuche ich das Netz,
Als ich sie erblicke, die Spinne und ihr Netz.

Ich traue meinen Augen nicht, schließe mein Lid,
Daher singe ich zum Trotze ein Lied.
Vielleicht kann es so klappen,
Wenn ich die Spinne zerquetsche mit meinen Klappen.

Aber wie soll ich da gut heran kommen?
Erstmal muss ich zuhause gut ankommen.
Das steht fest, für alle Fälle,
Egal was ich trage ob Pelz, Leder oder Felle.

Ich gehe definitiv mit der Zeit des Stromes
Und beobachte das Wasser des Stromes.

Bin ich dann erneut am Boss dran,
Kommt als nächstes der Amboss dran.

Ich bin unentschieden,
Also denke ich mir: „Unentschieden!".
Man muss erst mal was leisten,
Genau wie Handwerker und ihre Leisten.

Im Garten angekommen, hole ich den Rechen,
Bete, dass die Spinne sich nicht wird rächen.
Meine Stimmung ist schwankend,
Generell, mein ganzer Gang ist schwankend.

Also denke ich lieber an die Weinlese
Und wenn ich davon in der Zeitung lese.
Denke ebenfalls an die Wirtschaft,
Die der gute Wirt schafft.

Bisher ist mir alles wohl bekommen,
Auch die Post habe ich wohl bekommen.
Es ist so eine Sache mit dem Sein,
Ist es Dein', Mein' oder sein?

Man könnte fast meinen,
Es beeinflusst den Körper, meinen.
Ach, als ich damals den Silberring stahl,
War er doch nicht hergestellt aus Stahl.

Die Suche geht weiter, nach dem richtigen Stoff,
Nach Fetzen, Überbleibseln, Stoff.
Die ganze Last auf sich haben,
Ob alle Gedankengänge auf haben?

Wie schön das doch wär',
Aber bin ich wirklich wer?
Warum haben wir alle Namen,
Als wir diese von unseren Eltern annahmen?

Es ist fast wie mit den Sagen,
Man darf es niemals sagen.
Ich bin schüchtern, verlegen,
Würde gerne ein Buch verlegen.

Es ist so eine Sache mit dem Verlegen der Karten, besonders mit Karo,
Sie mag nicht besonders die Karten und ihre Farben, nämlich Karo.
Ich verwerfe alle überflüssigen Gedanken, denke an Automaten,
So vieles ist sinnfrei, so wie: „Au! Tomaten...".

Die Sprache, die Wörter, Orte und Destinationen, Sätze und Phrasen,
Leben, leben lassen, sterben, auffangen, denken, meinen, Exitus und Mord.
Als letztes steht immer ein Wort, egal an welchem Ort, wo ist es dort?
Oder ist aber doch schon fort...?

Wasser

Elixier der Erde.
Schwingt mit dem Mond.

Element der Kraft.
Flut und Ebbe, die Tiden.

Kraft des Elements.
Flüssig stets bekannt.

Schlägt hohe Wellen.
Durst kennt es nicht.

Ruht niemals ganz.
Wellen über Wellen.

Ruhe vor dem Sturm.
Blau, die Kraft des Kerns.

Teilt sich und teilt auf.
Die 7 Weltmeere.

Tiere und Menschen.
Zirkulation des Lebens.

Immer wenn es regnet

Immer wenn es regnet,
Gottes Tropfen einem begegnet.
Immer wenn es schneit,
Herrscht auch Heiterkeit.

Immer wenn die Sonne scheint,
Die Schönheit zu sein scheint,
Immer wenn die Strahlen strahlen,
Kann die Wonne prahlen.

Immer wenn es blitzt,
Im Geiste blitzt,
Immer wenn der Donner flitzt,
Spannung sich erhitzt.

Immer wenn die Natur waltet,
Die Reinheit schaltet,
Immer wenn Blätter fallen,
Tierrufe durch Wälder hallen.

Immer wenn es hagelt,
Es Eiskugeln nagelt,
Immer wenn die Eiszeit herrscht,
Kühle Stimmung herrscht.

Immer wenn der Mond wacht,
Mein Herz lacht.
Immer wenn die Nacht auftaucht,
Sie Verständnis braucht.

Essen

Essen. Fressen. Immer weiter.
Voller Mund. Voller Bauch. Heiter.
Stopfen. Mampfen.
Nudeln. Dampfen.
Sünden. Begehen.
Alles. Vergehen.
Schmatzen. Fratzen.
Auge. Isst mit.
Fast Food. Besonders fit.
Gesund. Bauch rund.
Grund? Fehlanzeige...

Strahlen

Strahlen strahlen.
Strahlen Strahlen Strahlen?
Das Strahlen der Strahlen.
Strahl oder stirb...
Strahl oder stirb...
Der Strahl der Strahlen strahlt den
Strahl zum Strahlen.
Einfach strahlend!

Blatt

Das Blatt hat sich gewendet.
Das Blatt hat sich gewendet.
Blätter überall, wo das Auge hinsieht.
Vom Blatt zum Blatt.
Blättern lassen und Blätter lassen.
Formvollendet dreht sich das Blatt
Und hervor kommt das Blatt.
Blättern, Blatt, Blatt, platt, Blatt...

Körper

Kopf, Kanäle, Kapillaren.
Öl, Wasser, Fanfaren.
Rhesus, Ribosom.
Partikel, autonom.
Eier, Emulgate, Erben.
Rost, Reiben, Werben.

Kunst

Sie ist die Stunde der Gunst,
Die Kunst.
In allen Farben vorhanden,
Erstreckend über alle Banden.

Schreiben, Singen, Schauspiel,
Sagen uns besonders viel.
Kunst ist eigenartig.
Sie ist eigen und auch artig.

Kunst kann loben und anzeigen,
Darstellen und klingen wie Geigen.
Gemälde haben einen Rahmen,
Doch vieles ist in der Kunst außerhalb des Rahmens.

Kunst ist überall.
Kunst tut gut.
Kunst niemals ruht.

Stichhaltigkeit und Klares

Wie fühlt sich der Pudel wohl?
Hoffentlich, besonders pudelwohl.
Wie schmeckt der Strudel?
Hoffentlich, nicht flüssig wie der Strudel.

Wie kräftig ist der Stamm?
Hoffentlich, kräftig wie mein Stamm.
Wer hat alles eine Meise?
In meinem Garten, habe ich definitiv eine Meise.

Was viele tun würden?
Wissen sie nicht, stehen vor den Würden.
Was meine ich für einen Wurf?
Fragt mal die Welpen und ihren vorangegangenen Wurf.

Warum endet vieles in einem Verfahren?
Naja, vieles ist nun mal sehr verfahren.
Ist es stets eine Mammutaufgabe?
Oder steht das Mammut kurz vor seiner Aufgabe?

Was hat es auf sich mit dem Stich?
Sitzt er wieder gut, der Stich?
Schlug er gut auf, der Stich?

Wo kann ich mein Handy laden?
In welchem Laden laden?
In welchem Laden laden, auf meinem Handy etwas laden?

In welcher Hand trägt man die Fackeln?
Generell, man sollte nie lange fackeln.
Wo habe ich meine beiden Klauen?
Generell, man sollte nie klauen.

Wo ruft man gerne „ Gut Holz"?
Wo bestehen die Pins aus Holz?
Manchmal muss man auf sie warten,
Manchmal muss man die Anlage warten.

Es ist doch klar?
Durchsichtig und klar.
Wenn sich Gefilde winden,
Getrieben von den Winden.

Wann ist hoch hoch?
Wann ist ein Hoch ein Hoch?
Wann ist tief tief?
Wann ist ein Tief ein Tief?

Wann kommt das lang erwartete Päckchen?
Während des Trinkens, denke ich an das Päckchen.
Wann komme ich wieder rein?,
Ist unser Leben vollkommen rein?

Wer von uns kann sich etwas leisten?
Wer von uns hat Probleme mit den Leisten?
Definitiv, die Handwerker und ihre Leisten.

Wem kann ich heute noch folgen?
Wessen Staffel und welche Folgen?
Merke ich, hat besondere Folgen.

Haben die Schweizer ihren Eid genossen?
Freilich, die Eidgenossen.
Wird ihre direkte Demokratie schwingen?
Wie der Adler und seine majestätischen Schwingen?

Steht mal wieder Bier im Kasten?
Ist der Film abgedreht im Kasten.
Kann ich mir den Erfolg anstecken?
Oder aber mich mit Neid anstecken?

Wann werden wir wieder flüssig sein?
So wie der Strom, flüssig sein?
Ist es das Ende einer langen Periode?
Die Frauen wissen Bescheid, immer Probleme mit der Periode.

Vielleicht, ja ist es vielleicht?
Viel ist oftmals nicht leicht.
Ich kriege wieder einen Film auf der Haut,
Denn der Film geht unter die Haut.

Natürlich! Natürlich!
Es ist natürlich! Ist es natürlich?

Die Vielfältigkeit gepaart mit ein bisschen Wirrwarr

Eine endlose Nacht, ich hatte erneut einen Angsttraum
Und flüchte mich dabei in meinen Angstraum.
Habe ich wirklich die geballte Furcht besessen,
Oder war ich einfach nur vom Teufel besessen?

Er ist mir abhanden gekommen, der Hausschlüssel,
Reicht er wirklich zum Eintritt in das Schlüsselhaus?
Bei diesem Gedanken wird mir heiß,
Weiß schon gar nicht mehr, wie ich heiß'...

Reite davon, äußerst geschwind,
Getragen, vom lieblichen Wind.
Dinge sehe ich viele, lauter,
Dringen in meinen Kopf vor, immer lauter.

Sehe eine wunderschöne Orchidee,
Horch' mir selber zu, habe eine Idee.
Sie wird mir sehr gefallen,
Aber bin ich doch nicht nur auf den Kopf gefallen?

Ich gehe nun und gönne mir ein Astra,
Draußen vor der Tür, steht mein gelber Astra.
Ich hausiere im obersten Stock,
Bin sehr froh, gehe noch nicht am Stock.

Das Leben ist vielfältig und zauberhaft,
Doch ein negativer Zauber genügt und man landet schnell in der Haft.
Sozial sein ist das Muss!
Weiter voran mit ihm, dem Sozialismus.

Gibt mir eine Frau erneut den Korb,
Spiele ich Basketball auf den Korb.
Die tauben Tauben lauschen den Tauben
Und geben ihn mir zurück, den Glauben.

Ein bisschen Wirrwarr ist definiert,
Wie der starke Muskel, definiert.
An so etwas denkt Leo nie,
Dafür aber Leonie.

Vermisse ebenfalls meinen Ehering,
Steige für ihn sogar in den Ring.
Der erhabene Graf,
Schaut parallel auf den Graph.

Die Erde besitzt viele Bären,
Auch viele Erdbeeren.
Zu nennen sind ebenfalls die Erdmännchen
Und die vielen, kleinen Erd-Männchen.

Weit und breit sprühen die Funken,
Vor allem bei dem Funken.
Es ist mir nicht danach zumute,
Helft mir doch! Zu besserem Mute...

Ich befürchte meine Hinrichtung,
Also führt mich hin, in die wahre Richtung.
Gebt mir das Glück auf, zum Buchen,
Niemals die Bäume, die Buchen.

Schreibt mir ruhig E-Mails, egal ob lahm oder misslungen,
So wie die Fußballpässe, von Lahm und misslungen.
Sei die E-Mail auch ungeschickt,
Lache ich darüber, bin es nämlich auch, ungeschickt.

Von Blüten, Wegen und anderen Trieben

Es duftet so herrlich, das Gericht,
Entscheiden darüber vermag jedoch nur das oberste Gericht.
In der Küche herrscht mal wieder Hast,
Wenn du das richtige Rezept nicht hast.

Vieles ist schief gelaufen,
Aber jeder ist schon mal schief gelaufen.
Alles beinhaltet Lug und Trug,
Auch der Krug, den ich damals trug.

Herrschen tut die Jahreszeit der Blüte,
Besonders bei Fälschern, die Blüte.
Welch eigenartiger Trieb,
Der davon trieb.

Deswegen,
Auf allen Wegen,
Gibt es einen Belag,
Ummantelt von einem Belag.

Ein böses Erwachen,
Denkt er sich mit seinen Wachen.
Müssen sich vieles trauen,
Aber niemals unter der Haube trauen.

Ein kurzer Aufschlag,
Des Lids Aufschlag,
Macht manchen sauer,
Schmeckt vielen sauer.

Der Mann, der Arme,
Keine Beine, keine Arme.

Besitzt aber eine Auszeichnung,
Geholt aus der Zeichnung.

Im Wasser treiben,
Schlimme Taten treiben,
Lege alles in eine Schale
Und hebe zum Ende die Schale.

Ein wahrhaft komischer Auflauf,
Zusammen mit den Nudeln, ein komischer Auflauf.
Immer diese Menschen, überall, kommen unter die Haube,
Manchmal auch unter die Motorhaube...

Überfahren von einem Auto,
Nicht manuell, sondern auto...
Bis in die Knochen stieß, die Mutter,
Bis die Knochen das Geschrei ereilte, von der Mutter.

Zum Abschluss steht an der Spitze der Stab,
Nicht gekrümmt, gerade der Stab.
Gutes soll gelingen in einem Stift,
Das Schreiben soll gelingen mit einem Stift.

Letztendlich

Letztendlich ist alles gut.
Letztendlich gibt es den Mut.

Vorher war alles schlecht.
Vorher war nichts recht und echt.

Davor hegte man Groll.
Davor alles blöd, nicht toll.

In der Mitte fand ich dich.
In der Mitte, dein Hass gegen mich.

Einst war das Sein nur Schein.
Einst das Dunkle herrschte, nicht pur und rein.

Zu Beginn gab es die Leere.
Zu Beginn, das Lose der Schwere.

Aller Anfang kam zum Schluss.
Letztendlich, ist das Letzte endlich.

HerzlIch

HerzlIch begrüße Ich Dich schmerzlIch.

WirklIch VerwerflIch.

SträflIch.

VermutlIch,

Will Ich,

VerständlIch.

Sorge Mich

Um Dich.

Unter'm StrIch.

LieblIch,

ÜberschwänglIch.

WillkürlIch.

Freiheit

Des Adlers Schwinge,
Des Messers Klinge,
Die Olympischen Ringe,
Der Strick und die Schlinge.

Die Angst der Freiheit,
Der Mut, allzeit bereit.
Hoffnungslos, wenn es schneit,
Drückend, die Eitelkeit.

Frei sein, Einheit.
Frei sein, Gemeinsamkeit.
Frei sein, dauerhaft,
Frei sein, ohne Haft.

Der Bumerang

Der Bumerang fliegt im hohen Bogen,
Und glättet alle Wogen.
Kehrt zurück zum Start,
Unterwegs mit voller Fahrt.

Ergonomisch mit zwei Enden,
Wird er seinen Flug beenden.
Alle Größen sind seins,
Drei, Zwei, Eins!

Über Gärten und Dächer hinaus,
Niemals bis in das Aus.
Ein wahres Wunderwerk der Lüfte,
Beginnt mit einem Wurf aus der Hüfte.

Wetter

Das liebe Wetter,
Großes Donnerwetter!
Blitzt und hagelt viel,
Zerbricht jeden Ast und Stiel.

Ab und zu scheint die Sonne,
Sie strahlt zusammen mit der Wonne.
Taucht der Regen wieder auf,
Tauchen viele Menschen ab.

Eis ist besonders fies,
Hitze dürrt uns aus.
Kälte stimmt uns mies.
Wind stürmt heraus.

Saisonal bedingt,
Wenn das Wetter gelingt.
Sämtliche Szenarien der äußeren Einflüsse,
Nehmen uns mit und teils auch Flüsse.

Ode des Lebens

Oft bin ich an Weisungen gebunden.
Oft sind mir beide Hände gebunden.
Doch ich schaffe es auf meine eigene Art.
Ich bin meine eigene Art.

Es ist nicht immer einfach auf diese Weise,
Aber ich bleibe doch meist weise.
Es ist häufig ein schwerer Gang,
Merke ich wieder in meinem Gang.

Ich bin nicht steinreich,
Komme dafür nicht aus dem Steinreich.
Ab und zu muss ich meine innere Lampe anmachen,
Ab und zu müssen mich doofe Leute anmachen.

Es ist schon klar,
So wie das Wasser klar,
Ich leiste mir kein Schloss,
Baue kein Schloss ein, als ich mich dazu entschloss.

Das Schicksal in die eigene Hand nehmen, ist was die Menschen mir rieten,
Erzählten mir von komischen Bräuchen, Tänzen, Gegebenheiten und Riten.
Man soll sich auf eine lange und schwierige Reise schicken,
Allerdings besitze ich nur alte Klamotten, nicht die

schicken.

Viele Menschen verstehen mich nun nicht, können es nicht fassen.
Ich fliehe, fliehe von der Flucht, bin einfach nicht zu fassen.
Sie wünschen, dass ich es sein lasse,
Von Uschi, über Bert, bis hin zu Lasse.

Ich renne bis zum Strand, entdecke eine Muschel
Und lausche ihr mit meiner Muschel.
Es gibt kein Geräusch, das dieses überbot,
Daher kletterte ich schnell über das Boot.

Wo geht es hier zum nächsten Lokal?
Was genau ist hier lokal?
Wen kann ich treffen?
Wen mit meinen verbalen Gefechten treffen?

Plötzlich reißt er mich aus der Trance, der Schuss.
Ich suche die nächste Kneipe auf, des Alkohols Schuss.
Das Bier ist wunderbar kalt.
Diese frohe Nachricht, lässt mich nicht kalt.

Soll ich nach dem frischen Trunk es wagen?
Und steige in den nächsten Wagen?
Auf einmal sehe ich ein Insekt,
Ist es dort gefangen, in Sekt?

Die Tische in der Kneipe sind locker,
Aber ich lasse niemals locker.
Es ist auf seine eigene Art traumhaft,
Bin ich wirklich im Traum oder in der Haft?

Ich erfreue mich an fremden Blicken,
Lasse mich gerne anblicken.
Der Sog der Ignoranz kommt gleich,
Doch das ist mir gleich.

Ich nehme das gesamte Inventar mit,
Trage dabei nicht die Handschuhe aus Samt.
Ich habe es bald geschafft!
Ich bin ganz schön geschafft...!

Wanderwege des Irrsinns

Ich gehe durch die Straßen, durch meinen Block.
Ich schaue dabei andauernd auf meinen Block.
Ich gebe jedem Passanten einen Blick Block.

Ich würde gerne abnehmen.
Ich kann noch nicht mal meinen Hörer abnehmen.

Ich bewundere die Machenschaft.
Ich bewundere das Machen, das schafft.

Ich steige gerne in meine Schlappen.
Ich hasse die Stimmungen, die schlappen.
Ich detestiere die Niederlagen meiner Mannschaft, die Schlappen.

Ich kassiere einen Schlag.
Ich bin doch von einem anderen Schlag.

Ich kaufe mir gerne einen Kasten.
Ich mag Indien, aber nicht seine Kasten.

Ich mag es, das Eintreten.
Ich schäme mich vor ihm, dem Eintreten.

Ich muss Möbel rücken.
Ich plage mich mit meinem Rücken.

Ich liebe es, der Stuhl ist verrückt.
Ich liebe es, ich bin verrückt.

Ich denk' mal an Rügen.
Ich vergöttere das Denkmal auf Rügen.

Ich weiß, wie es entstand.
Ich kenne den Endstand.

Ich bin ein Optimist.
Ich fahre gerne einen Optimisten.

Ich betätige den Pflug.
Ich lande mit meinem Flug.

Ich bin an mich geraten.
Ich bin ziemlich schräg geraten.

Ich bringe es zu Ende,
Ich bringe es bis Michael zu Ende.

Absolutismus und Absurditäten

Hoch oben thront des Berges Spitze,
Ein Anblick, wahrhaft spitze.
Der höchste Punkt ist der Gipfel,
Politiker sind verpflichtet, beim Gipfel.

Des Baumes höchster Punkt ist die Krone,
Des Königs Liebling, die Krone.
Zum Schutz vor herabfallenden Zapfen, trage ich einen Hut
Und bin immer auf der Hut.

Züge verunglücken, entgleisen,
Verbale Gefechte, entgleisen.
Die Fahrkarte und der Stempel,
Relevant wie die Blume und ihr Stempel.

Juweliere bearbeiten Diamanten, schleifen,
Müssen manchmal ihre Kunden, hinterherschleifen.
Sind sie schick, tragen sie Schleifen.
Autos rollen wild umher, besitzen Reifen.

Fahren stets weiter, müssen aber auch halten,
Sind in Ekstase, kaum noch zu halten.
Arbeit wird gebraucht, eine neue Stelle,
Egal wo, egal an welcher Stelle.

Er wird getragen, der Anzug,
Kommt er wirklich an, der Zug?
Überall kann man sich anstecken,
Bei Gelegenheit, einen Orden anstecken.

Musiker lieben es zu spielen, das Stück.
Beeindrucken komplett, am Stück.

Zuhörer wollen an der Bar zahlen,
Am Liebsten in Bar zahlen.

Im Ohr das feine Gesumme der Fliegen,
Grazil, wie sie fliegen.
Kellner fühlen sich ihnen gleich, tragen Fliegen.
Egal was kommt, Brechen oder Biegen.

Er fliegt und fliegt, bis nach Rio,
Doch dort bekommt er einen Biss, der Mario.
Die Spinne und ihr gefährliches Gebiss,
Ein Freund forderte ihn auf:,, Geh Mario!", doch er bekam nur den Biss.

Es ist so eine Sache mit den Spinnen,
Manchmal sind sie wirklich am Spinnen.

Wasser drängt sich vor, der Kanal läuft,
Auch im Radio ist es so, der Kanal läuft.
Die Mitarbeiter sind im Radio aktiv
Und hoffentlich alles andere als radioaktiv.

Der Kapitän sitzt am Steuer,
Denkt verzweifelt an seine Steuer.
Doch das Datum naht,
Die finale Naht.

Jogger sind am Laufen,
Nasen jucken, sind am Laufen.
Gäste sind sauer,
Die Zitrone, war einfach zu sauer.

Models tragen gerne Kette,
In manchem Business, liegen sie eher an der Kette.

Trinken aus Sühne Rum,
Hoffen, die Leidenszeit ist bald 'rum.

Fast immer gibt es einen Haken,
Während Hasen sie schlagen, die Haken.
Sichern sich so ihre wertvolle Haut
Und der Jäger verärgert ans Zielrohr haut.

In den Kriegsgebieten sind die Menschen arm,
Haben aufgrund von Gewalt nur einen Arm.
Wünschen sich so gerne das helle Licht,
Doch die erbarmungslosen Kriegsherren, sind alles Andere als licht.

Prostituierte müssen sich ausziehen,
Problemkinder, ausziehen.
Ganoven und Polizisten kreuzen die Klingen,
Treffen sie aufeinander, hört man das Klingen.

Wir müssen an unseren Aufgaben wachsen,
Präparatoren, ihre Aufgaben wachsen.
Es ist stets ein schmaler Grat,
Bei Klimakonferenzen oft ein Grad.

Schneiden wir den Käse ab, eine Scheibe
Und schauen verträumt aus der Scheibe,
Sehen wir ihn vorbeihuschen, den Salamander.
Riechen den Rauch, aus dem Salamander.

Kriegen wir mal wieder einen Blumenstrauß,
Oder sogar ein Ei des Vogel Strauß,
Zum Festmahle vereint der Eber,
Dabei steht er draußen, der Baum der Eber.

Vom Anblick sind wir gerührt,
Trinken einen Martini, geschüttelt, nicht gerührt!
Unsere Freunde im Osten feiern Dynamo,
Dresden und den Dynamo!

Inzwischen, durch den Tennisschläger, sich die Bälle ballen,
Gleichermaßen beim Fußball, die Fußballen.
Wird ein Hooligan handgreiflich zum Schläger,
Borgt man sich beim Tennis und schlägt mit dem Schläger.

In Finnland gab es damals die Mark,
Auch bei uns gab es die Mark.
Die Finanzkrise geht uns bis ins Mark,
Ganz besonders, dem lieben Mark.

Wenn man so zum Ende wieder auf jemanden steht,
Glücklich in der Liebe bis zum Finale geht,
Kann man sehr zufrieden sein,
Die Welt ist doch ein wenig rein.

Monster

Aus der Tiefe empor gestiegen,
Das Licht ganz absorbiert.
Sie sind nicht zu besiegen,
Sie können nicht verlieren.

Dunkelheit nährt ihren Körper,
Verleiht ihnen starke Panzer.
Können uns nicht wehren,
Wenn sie ihre Grässlichkeiten offenbaren.

Größen bleiben unbekannt,
Ihre Gesichter unerkannt.
Sind außer Rand und Band,
Zerstören jedes Band.

Greifen mit ihren Krallen an,
Ziehen uns ins dunkle Nichts.
Der Ursprung lässt sich nicht genau bestimmen,
Haben weder Gesichter noch Stimmen.

Der Sog wird immer kräftiger
Und wir immer schwächer.

Die Boten des Lichts

Aus dem Himmel empor gestiegen,
Das Licht komplett inhaliert.
Sie gewinnen immer,
Können nicht verlieren.

Helle Strahlen nähren ihre Körper,
Verleihen ihnen Grazie.
Können uns nur verneigen,
Wenn sie ihre Offenbarung zeigen.

Sie bleiben niemals unerkannt,
Ihre Gesichter strahlend hell.
Vereinigen die Komponenten,
Zerstören jegliche Dunkelheit.

Schwingen sanft mit der Sonne,
Darstellend die Wonne.
Ihr Ursprung ist der höchste,
Das oberste Gebot.

Ihr Licht wird immer stärker
Und wir immer stärker.

Entartet

Entartet

Ntartet

Tartet

Artet

Rtet

Tet

Et

T

Ich bin das Wilde, Dumpfe, das man schlug...

Ich bin das Wilde, Dumpfe, das man schlug,
Ich bin das Unerkannte, Dunkle, das man trug.
Ich bin das Rauschen, der Dreck, der Krug.
Ich bin einmalig, zweimalig, nie genug.

Ein Schlag, teilte mich auf.
Wild und zuhauf.
Ein nicht enden wollender Lauf.
Doch was bin ich?
Wer hasst mich?

Unbeholfen und unerkannt,
Bin ich nicht benannt.
Toben meine Emotionen,
Muss es sich lohnen!

Pocht es wieder in mir,
Übertrage ich die Schuld dir!
Ein schlimmer Krieg entsteht,
Weil mir nichts entgeht.

Aus dem Verborgenen handele ich gerne,
Mein Leuchten, wie die dunklen Sterne.
Weder Nähe noch Ferne,
Samen oder Kerne.

Essenz ist mir fremd.
Ihr seid mir fremd.
Schlage ich wieder zu,
Lasse ich euch keine Ruh'.

Doch werde ich nicht geschlagen?
Ein kümmerliches Behagen.
Mir geht es widerlich schlecht,
Real, real und echt.

Werde misshandelt,
Nicht behandelt.
Kann mich nicht binden,
Trage stets dunkle Binden.

Es keimt und brodelt weiter,
Stimmt mich nicht heiter.
Sehe die Leiter, das Licht,
Wenn der Glanz wieder entwicht.

Oben oder unten?
Dunkle oder Bunten?
Bin mein eigener Trost,
Abermals das Schicksal lost.

Helft mir doch,
Im tiefen Loch,
Die Chance lebt noch!

Doch es regnet,
Keine Tropfen,
Dafür Schläge,
Gegen meine Unwissenheit.

Dumpf, dumpfer.
Sumpf.
Der Abgrund naht,
Die finale Naht.

Was kümmert es mich,
Bin ich doch ich ?
Wahrlich widerlich,
Warne dich!

Es ist vorbei,
Das Ende lässt grüßen.
Muss endlich nichts mehr versüßen.

Ich bin das Wilde, Dumpfe, das man schlug,
All das, all das, ich niemals ertrug...

Egal

Es ist egal,
Interessiert nicht, ob legal.
Viel mehr Qual,
Wahrlich fatal.

Dunkles Mal,
Egal.
Karges Mahl,
Egal.

Einwände,
Egal.
Kalte Hände,
Egal.

Tiefes Tal,
Egal.
Regal,
Egal.

Egal
Ganz
Arg
Legal.

(W)ortspiele und andere Gegebenheiten

Im Leben ist doch vieles verkehrt,
Besonders wenn im Stau alles verkehrt.
Man steckt oft ziemlich fest,
Wäre viel lieber beim angepeilten Fest.

Hier und da fehlt es an Leidenschaft,
Die hier und da Leiden schafft.
Man könnte wahrlich bei all dem Übel einbrechen,
Vermeiden jedoch, in ein Haus einbrechen.

Wann geht es wieder los?
Wann ziehen wir das große Los?
Zunächst brauchen wir einen Fixpunkt, eine Säule,
Wie der Körper und seine Wirbelsäule.

Frauen tragen ihn gerne, den Absatz.
Lektoren schaffen ihn gerne, den Absatz.
In der Wirtschaft lockt er gerne, der Absatz.
Am Ende fällt er oft ab, der finale Satz.

Wir tun es mit Emotionen, das Unterhalten.
Filme tun es mit Emotionen, das Unterhalten.
Unter der Hand, gibt es oft nichts zu Halten.
Bei vielen Torhütern, oft nichts zu Halten.

Man darf sich schon mal aufregen,
Hass hegen, besonders auf Regen.
Vieles können wir uns ableiten,
Auch in der Mathematik, ableiten.

Eine wichtige Institution ist die UNO,
Ein wichtiges Kartenspiel, unser UNO.

Das Fazit ist schon mal verhalten,
Beeinflusst unser Verhalten.

Und tut man noch eine Schippe drauf,
Wie beim Kartenspiel, eine Schippe drauf,
Nimmt das Schicksal seinen Lauf.
Oben drauf, vielleicht einen Marathonlauf.

Jeder darf mal durchdrehen,
Mit der Bohrmaschine, durchdrehen.
Spürt man wieder den immensen Druck,
Gibt man sein Buch am besten in den Druck.

Er ist schnell unterwegs, der Kiwi.
Während des Essens schnell unterwegs, die Kiwi.
Und soll man wieder einen Schnaps zahlen?
Oder nicht etwa doch einfach Schnapszahlen?

Wie sich das gehört,
Habe ich auf meinen inneren Schweinehund gehört.
Ich soll sie vermeiden, die Leichen,
Anders als die Fische, beim Laichen.

Und fällt es mir auch nicht leicht,
Während der Fisch laicht,
Schaue ich rüber nach Hong Kong,
Freue mich, denke an King Kong.

Der Chef einer Stadt, ist er wirklich im Burger Braten Meister?
Oder nicht viel mehr, im Bürger Braten Meister?
Er kann ruhig bleiben,
Sollte er ruhig bleiben.

Ich fahre nach Frechen,
Bin empört über die Frechen!
Fuhr ich doch volle Kanne
Und bekam an der Tanke keine volle Kanne!

Dann fuhr ich nach Gießen,
Doch dort war es nur am Gießen.
Was soll ich bloß davon halten?
Sollte ich vielleicht nie wieder dort halten?

Es ist wirklich zum Schießen,
Ja wirklich! Zum Fotos schießen...
Oder doch zum Schießen?
Gießen kann ich nicht wirklich genießen...

Ich werde gleich jemand fertig machen,
Dabei fällt mir ein, ich muss mich fertig machen.
Mir wird schon wieder schwindelig,
Dabei fällt mir ein, schwindel' ich?

Ich könnte wirklich mal gucken,
Wirklich? Mal gucken...
Ich frage mich, welchen Mann soll ich decken,
Generell, die Frage beim Manndecken.

Mit Michael Ende, gelange ich zum Ende.
Mit Wolfgang, nimmt der Wolf seinen Gang.
Bei all dem Theater, fahre ich am besten direkt ins Theater.

Ein kleiner Moment

Ein kleiner Moment...

Bleib konsequent...

Ein großer Moment...

Be my friend in the end...

Ein halber Moment...

Come take my hand...

Ein mikroskopischer Moment...

Warte mal einen Moment...

Ein wundervoller Moment...

This could definitely be the end...

Ein Moment, der im Moment für den Moment sorgt...

Momentan, ist er monumental...

Ein kleiner Moment...

This, my friend, is the end...

Der Frühling

Der Frühling naht,
Gibt dem Winter die vollendete Naht.
Gefühle keimen auf,
Das Schicksal nimmt seinen Lauf.

Welch' herrliche Düfte nehmen wir wahr,
Es ist eine schöne Zeit, wie wahr.
Lust und Freude sprudeln heraus,
Egal ob Mensch, Elefant oder Maus.

Blumen überall, wo der Blick sie fängt,
An denen der süße Stempel hängt.
Der Geruch, der uns alle lenkt,
Die Liebe, an die man denkt.

Kälte schwindet immer mehr,
Viele träumen schon vom Meer.
Sonnenstrahlen wärmen das Gesicht,
Es ist ganz klar, eine andere Sicht.

Gärten, so wunderschön und fabelhaft,
Bäume, vermitteln eine besondere Kraft.
Der Zyklus nimmt mehr Fahrt auf,
Prachtvolle Alleen, zuhauf.

Liebende gehen Hand in Hand,
Welch' wundervolles Band.
Sinfonien der Farben strahlen,
Die uns Emotionen malen.

Entfaltung hier und dort,
Wirklich, an jedem Ort.
Der Wind weht sanft durchs Haar,
Von Kiel, bis an die Saar.

Ein Spektakel,
Ohne große Makel.
Vitale Kräfte wirken ein,
Sind Dein und Mein.

Tiere stellen sich zur Schau,
Nach dem Winter, ist man wieder schlau.
Egal ob Mann oder Frau,
Temperaturen erneut lau.

All dies macht den Frühling aus,
Bringt Barmherzigkeit in unser Haus.
Lässt und wieder leben,
Und nach neuen Dingen streben.

Seit jeher manipuliert er die Menschen,
Seine Herrlichkeit, kaum zu unterbrechen.
Gibt uns Mut und Hoffnung,
Alle Achtung!

Der Frühling läutet neue Zeiten ein,
Schmälert die erlebte Pein.
Man muss den Frühling einfach lassen,
Und seine Geschenke nicht verpassen.

Gedanken

Synapsen kommunizieren und kollabieren,
Gedanken lehnen ab oder verifizieren.
Viele überlegen,
Sind sie überlegen?

Gehirn und Gedanken bestimmen,
Validieren innere Stimmen.
Laut oder leise,
Ziehen ihre Kreise.

Multifunktional,
Qual der Wahl.
Komplexe Prozesse,
Ruhe und Exzesse.

Tag und Nacht durchdenken,
Führen lassen vom Lenken.
Danken sollte man den Gedanken,
Unseren Wissensbanken.

Simpel gibt es nicht,
Kein Ende der Schicht.
Der Ruf der Pflicht,
Der Notwendigkeit entspricht.

DB

Deutsche Bahn: Angst oder Wahn?
Fahren, Ja und Nein, kann das sein?
Pünktlichkeit, Heiterkeit, es fehlt die Zeit.
Bahn will sich bessern, ist bereit...
Aber, Aber, mal wieder, keine Zeit!

Bahn will immer weiter, Spitze der Dienstleister,
Deutsche sind entblößt, Bahn gibt sich keine Blöße.
Wohin des Weges? Wo lang? Fragt sie sich.
Verspätung, unterm Strich...

Papier

Papier. Blatt und platt.
Glatt. Aalglatt.
Schnitt in den Finger. Aua!
Weiß. Ist weiß.
Schreiben. Auf Papier.
Gefällt mir!
China, Ursprung. Verteilt in der Welt.
Wem es gefällt.
Holz. Viel Holz.
Resultat: Papier...

Das Namengedicht

Annette- ist ziemlich adrett.
Boris- trägt seine Hose mit Riss.
Claudius- schiebt niemals Verdruss.
Danica- ist wieder da.
Ernst- ist immer Ernst.
Flo- hüpft wie ein Floh.
Gerrit- kommt immer mit.
Hilde- waltet mit Milde.
Inge- schwingt die Klinge.
James- kennt alle Names.
Korbinian- hat es wieder getan.
Lucifer- ist der Teufel.
Margarete- versteht sich gut mit Grete.
Noor- besucht das Moor.
Orchidee- hat stets eine Idee.
Peer- will ans Meer.
Quentin- ist schnell zum Film hin.
Ruth- tut jedem gut.
Susanne- genießt die Badewanne.
Theodor- schießt gerne ein Tor.
Udo- mag es gerne so.
Victoria- verliert nie.
Waldi- liebt sie.
Xavier- spielt Klavier.
Yuma- kämpft mit dem Puma.
Zarina- versteht sich blendend mit Martina.

Wahres und Wirres

Manche von uns sind erfolgreich,
Doch macht Erfolg wirklich reich?
Manche von uns erleiden einen Bruch,
Manche von uns den Einbruch.

Wie gelangt man zu Frieden?
Wie ist man zufrieden?
Manchen wird es blühen,
Manche Rosen werden blühen.

Irgendwas ist doch faul!
Stimmt, wir sind faul!
Es gibt nichts, was jedem gefällt,
Es gibt Bäume, die werden gefällt.

Die Lösung ist nahe liegend,
Die Erkenntnis nahe liegend.
Wir bleiben gelassen,
Die Finger vom Bösen gelassen.

Manche müssen übersetzen,
Manche Schiffe übersetzen.
Manche von uns werden gestochen,
Manche Bilder sind scharf, gestochen.

Des Wagens Planen,
Die wir mit einplanen.
Jeder möchte teilhaben,
Jeder möchte einen Teil haben.

Manchmal sind wir gut in Form,
Wie die Geometrie, gut in Form.
Manche von uns werden sich langweilen,
Wenn die Ergebnisse lang weilen.

Alle lieben es, außer dem,
Denn er liebt es doch, außerdem.
Es ist nicht immer passend,
Die Klamotten nicht immer passend.

Manchmal müssen wir Gefechte austragen
Und die andere Meinung am liebsten ins Aus tragen.
Die Menschentraube geht beinahe rein,
Die Traube ist dem Bein nahe und besonders rein.

Weisheiten und andere Kuriositäten

Ich freue mich über beide Backen,
Bin mal wieder beim Backen.
Ich bin einfach so gerissen,
Aber meine Schürze ist gerissen.

Das Blech, was zu mir gehört,
Habe ich gehört.
Kann das wirklich stimmen?
Fragen sich kritische Stimmen...

Ich muss mich mit meinen Kritikern einigen,
Doch das missfällt wieder einigen.
Ich habe es aber genossen.
Nicht ganz so, meine Genossen.

Mein Pulli ist schön gestreift,
Mein Haustier hat mich fast gestreift.
Die Lili, ist wirklich eine tolle!
Auch bewundere ich meine gestylte Tolle!

Er läuft und läuft der Hahn.
Er kräht und kräht der Hahn.
Meine Stimmung ist so früh noch lose,
Daher gehe ich zum Kiosk und kaufe Lose.

Ich passe auf, könnte tief fallen,
Das Leben stellt mir wieder einmal Fallen.
Ich suche die Freuden, die gewissen,
Doch die plagen mein Gewissen.

Ich kann nicht mehr umkehren,
Muss zuerst den Bürgersteig kehren.

Ich muss mich konzentrieren
Und gute Gedanken konzentrieren.

Ich kaufe also ein Präsent
Und bin stets präsent.
Es ist nun geschenkt,
Es ist nun geschenkt...

Ich musste viel dafür einschenken,
Um ein Bier zu schenken.
Sie war nicht groß, die Auswahl,
Schnell kam das Aus für die Wahl.

Da fällt mir ein, ich muss weiter fegen,
Vielleicht wird aber auch der Wind fegen.
Ich sehe nur noch das kalte Pflaster,
Falle hin und besorge mir ein Pflaster.

Mein Leben ist bestimmt.
Ganz bestimmt.
Es ist geheim.
Meine innere Stimme ruft: „ Geh Heim!"

Es ist das letzte Mal, das ich kehre.
Ein letztes Mal fege ich durch die Kehre.
Es geht einfach nicht mehr fließend.
Das Wetter ändert sich, der Regen ist fließend.

Kondition,
Ist immer die Kondition.
Verzweifle an der Ausdauer,
Es ist aus mit der Dauer.

Das Grauen beim Morgengrauen

Es kommt ganz langsam, schleicht sich an, das Grauen.
Es beginnt ein neuer Tag, Sonne scheint beim Morgengrauen.
Es hat sich wieder einmal so ergeben,
Ich muss mich dem Grauen ergeben.

Kalter Wind weht stark, die Menschheit trägt Kappen,
Doch das Grauen kann sie so nicht kappen.
Außerordentlich, die Kälte ist besonders frisch,
Das Gemüse in den Gärten nicht mehr allzu frisch...

Ganz besonders hasst er das Grauen, unser Volker.
Kann er das Volk retten? Nein, nicht er...
Er schnappt sich ein Tau
Und vertreibt den morgendlichen Tau.

Jetzt hat er ihn verbogen, seinen Fingernagel.
Sucht sich einen Hammer und haut auf seine Hand mit einem Nagel...
Volker macht alles schlimmer, sowie immer.
Wird er vernünftig? Nimmer.

Nun wird er hinter den Garten gehen
Und andere Menschen hintergehen.
Das Grauen lässt seinen Bart erfrieren.
Die Kälte lässt den Schlüsselbart erfrieren.
Volker weiß nicht mehr ein noch aus,
So nimmt sein Schicksal seinen Lauf.

Er möchte am liebsten noch eine Kappe aufziehen,
Andere Menschen weiter aufziehen.
Ihnen etwas vormachen, etwas aufsetzen
Und mit dem Flugzeug sie alle plätten und aufsetzen.

Weitere Kleidung anziehen,
Ganz besonders Frauen anziehen.
Sein Körper gehüllt in Watte,
Umgeben von der markanten Krawatte.

Das Grauen bleibt jedoch seine oberste Priorität, sein Index.
Volker mahnt alle Völker mit seinem Zeigefinger, dem Index.
Doch es bleibt alles beim Alten, wie in der Musik mit einem Dämpfer,
Volker kann das Grauen nicht vertreiben, erhält einen Dämpfer...

Länder

Grenzenlos, Grenzwertig, Gratwanderung.
Erhaben, Eliminierend, Ekstase.
Finnland, Fidschi, Fließend.
Weit, Wissen, Weißrussland.
Autoritär, Antizipierend, Anmutig.
China, Clowns, Chaos.
Tüchtig, Türkei, Terror.
Dominant, Darlehen, Dominikanische Republik.
Stürme, Sonden, Steuern.
Urahnen, Ungarn, Unbeugsam.
Besonders, Beruhigend, Beunruhigend.
Ziele, Zerstörung, Zusammenhalt.

Gesetze

Gesetze- sind gesetzt.
Gesetze- immer gültig?
Gesetze- wenn Justiz im Nacken sitzt.
Gesetze- Paragraphen, die ins Herz trafen.
Gesetze- Richter sitzen.
Gesetze- wer entscheidet?
Gesetze- antikes Athen antizipierte.
Gesetze- Abschnitte über Abschnitte.
Gesetze- Flucht und Hetze.
Gesetze- böse oder gut?
Gesetze- Die Völker sie besitzen.
Gesetze- Urteile fällen.
Gesetze- Legitimation?
Gesetze- Absolution...

Trump ist Trumpf!

Trump ist Trumpf!
Oder doch eher stumpf?

Er polarisiert.
Er instrumentalisiert.
Nichts, was er respektiert.

Donald mit der Föhn-Frisur
Und der voluminösen Statur.

Er kauft, was er will.
Dreht ihn um, den Dollar-Bill.

Kennt keine Grenzen,
Moment,
Kennt er doch.

Immigranten gegenüber ist er skeptisch.
Fördert den Grenzbau, ziemlich hektisch.

Hat immer ein Ass im Ärmel,
Verliert nie.
Hat keine Beherrschung,
Gewinnt nie.

Ist er der nächste Präsident?
Ich denke nicht,
In the end...

Wa(h)lkampf

Donald und Hillary prägen die Wahl.
Republikaner und Demokraten haben die Wahl.
Wahlkampf, Kampf der Wale.
Erneut voluminöse Skandale.

Donald geht auf Stimmenfang.
Hillary wird es schon ganz bang'.
Die Wucht des Wales trifft sie ins Herz.
Geister spuken, Bill und Monica, Schmerz.

Hillary holt aus.
Donald holt aus.
Gegen Frauen.
Gegner der Frauen.

Hillary wirft ihr Netz.
Donald wird zerstört im Netz.
Trump ist Trumpf!
Für Hillary nur stumpf!

Millionen haben die Wahl.
Wer ist der bessere Wal?
Qual.

Donald will Grenzen bauen.
Immigranten verdauen.
Mexikaner austreiben.
Hillary ihm das austreiben.

Der Kampf geht in die heiße Phase.
Eloquenz? Weit gefehlt. Leere Blase...
Clinton und Trump. Wa(h)lentscheid.

Donald sammelt die letzte Kraft, sammelt Millionen.
Hillary sammelt die letzte Kraft, sammelt (Bill)ionen.
Wer gewinnt?
Vielleicht der, der am meisten spinnt...

Sorgen

Sorgen hier, Sorgen da, Sorgen,
Kann ich auch immer noch Morgen.
Leid und Angst machen mich wund,
Nichts läuft mehr komplett rund.

Sorgen bereiten,
Sorgen verbreiten,
Sorgen lassen,
Sorgen lassen.

Sorgen, Heute und Morgen,
Wie kriege ich sie wieder los?
Wie mache ich das bloß?

Stimmt! Sorgen,
Verschiebe ich einfach auf Morgen!

Von Bänken, Becken und Dämpfern

Ab und zu stoßen wir uns am Becken.
Ab und zu stoßen wir mit dem Becken und produzieren Musik.
Ab und zu tut uns das Becken weh.

Wir gehen gerne zur Bank.
Sind wir erneut blank, setzen wir auf die Bank.
Man sollte Bezahlungen einstellen
Und keinen mehr einstellen.

Keiner könnte uns mehr etwas auftischen.
Wir würden feiern, auf Tischen...
Wir würden uns freuen, wie alles entstand,
Begutachtend den Endstand.

Wir wären stets präsent.
Sorglosigkeit unser Präsent.
Wir sängen laut, mit Stärke.
Ohrenbetäubende Lautstärke!

Würden wir einen erneuten Dämpfer erhalten,
Würden wir einfach einen neuen Dämpfer in den Händen halten.
Alles verstummt, selbst der Wind,
Es ginge ganz geschwind.

Wir bekämen treibende Lust.
Rotlicht, pure Lust.
Benähmen wir uns nicht, würden wir fliegen,
Wie die Gestalten des Himmels, fliegen...

Wenn einer meint, er könne uns an unseren Leistungen messen,
Liegt das ganz in seinem Ermessen.
Er würde zu Fall gebracht,
Hätte uns der Zufall gebracht.

Es hätte sich so ergeben.
Er hätte sich so ergeben.
Wollte er zu Beginn es erklären,
Müsste er nun alleine seine Strafe klären.

Wenn er staunen würde,
Wenn wir alle erstaunen würden.
Es wäre wahrlich aufregend.
Wirklich aufregend!

Wären wir alle intakt?
Wären wir alle im Takt?
Wann ist es wahr, wer gäbe uns das Zeichen?
Was wäre unser Wahrzeichen?

Es ist so vieles im Leben schlecht.
Es ist so vieles im Leben echt.
Es ist so vieles im Leben falsch und recht...

Das Jahresgedicht

Januar- stellt den Anfang dar.
Februar- vor dem März war.
März- Voller Herz und Schmerz.
April- Macht bekanntlich, was er will.
Mai- Frei und allerlei.
Juni- Wärme beginnt, der Kreislauf spinnt.
Juli- So heiß, dass es jeder weiß.
August- Entlässt den Frust.
September- Auf die Neun, können wir uns freu'n.
Oktober- Die Zehn, lässt sich seh'n.
November- Herbst im vollen Gange, doch nicht mehr lange.
Dezember- Der Kreis vollendet, das Jahr beendet.

Herbstblues

Blätter fallen,
Wenn Kinder gegen Bäume knallen.
Jeder ist krank,
Miese Stimmung als Dank.

Herbstblues im vollen Gange,
Wird uns allen bange.
Winde wehen,
Wenn wir neben uns stehen.

Stimmung trist.
Anfang der Leidensfrist.
Mist!

Glühwein

Glühwein, Glühwein, jetzt bist du mein.

Glühwein, Glühwein, oh wie bist du rein.

Glühwein, Glühwein, ich lasse es nicht sein.

Glühwein, Glühwein, bist besonders fein.

Glühwein, Glühwein, weiß oder rot.

Glühwein, Glühwein, rettest mich aus der Not.

Glühwein, Glühwein, schmeckst im Winter besonders gut.

Glühwein, Glühwein, bist das höchste Gut.

Glühwein, Glühwein, flüssige Sensation,

Glühwein, Glühwein, trittst in Aktion.

Glühwein, Glühwein, will dich niemals missen.

Glühwein, Glühwein, mit dir geht es mir niemals beschissen.

Glühwein, Glühwein, ach wie lieb' ich dich !

Glühwein, Glühwein, ich hoffe du auch mich !

Geräusche

Mal laut, mal leise.
Ewig klingend,
Ewig schwingend.
Mal Amsel, mal Meise.

Lautstärke präsent.
Dezibel fallen,
Raketen knallen,
Stille absent.

Bässe wummern.
Plötzlich Wellen,
Vibrationen schnellen.
Ruhen schlummern.

Oral, vital.
In aller Munde,
Voll froher Kunde.
Vielleicht hospital.

Wundersame Wundersamen

Wundersame Wunder,
verursacht durch die wundersamen,
Wundersamen.

Der Samen sprießt, das Wunder genießt
die Samen, die Wundersamen.
Leben entsteht, keiner wundert.

Geschichten ranken,
wundersame Ranken,
ranken. Wundersamen,
einfach wundersam.

Versteht ihr es, das Wundersame,
der wundersamen Wundersamen?
Welch ein Wunder, so groß der Samen...

Bewegend

Liebe ist bewegend.
Bewegung ist bewegend.
Schicksale sind bewegend.
Wege sind bewegend.
Ich bin bewegend.
Du bist bewegend.
Ihr seid bewegend.
Eile ist bewegend.
Ruhe ist bewegend.
Wir sind bewegend.
Reden sind bewegend.
Lauschen ist bewegend.
Er ist bewegend.
Sie ist bewegend.
Erde ist bewegend.
Weltall ist bewegend.
Märsche sind bewegend.
Feiern sind bewegend.
Trauer ist bewegend.
Frohsinn ist bewegend.
Bewegend ist bewegend.

Wenn Fliegen Fliegen

Wenn Fliegen Fliegen,
Fliegen Fliegen.

Fliegen will gelernt sein,
Fliegen wollen bekannt sein.

Fliegen ist ein tolles Gefühl,
Wenn Fliegen Fliegen.

Wenn Fliegen das Fliegen beigebracht kriegen,
Wollen die Fliegen im Fliegen siegen.

Brechen und Biegen, keine Option für die Fliegen,
Wenn Fliegen Fliegen.

Spiegelungen

Spiegelungen, überall,
glänzend.
Traue meinen Augen nicht,
ein markantes Gesicht.

Bin das wirklich Ich?
Reflektiert mich,
das Gesehene,
das Geschehene?

Glatte Strahlen,
strahlen.
Auffällig, bricht das Licht,
meine Sicht.

Was ist real?
Total frontal, erblicke ich,
das wahre Ich.

Reflexion

Reflexion,
erteilt mir,
eine Lektion,
brechend und biegend,
naheliegend,
denke ich,
über mich,
nach,
und,
sehe nichts,
was meinen Augen,
den Schein erteilt,
den es,
zu sein scheint,
ist das gemeint,
was mich vereint?
Rückwirkend,
kenne ich,
mich,
zu gut,
was sie auch tut,
die Reflexion,
werde ich akzeptieren,
nicht verlieren.

Genial

Einfach genial. Total genial.
Total daneben. Geniales Erdbeben.
Genialer Genius. Geniales Gremium.
Fatal genial. Kranial genial.
Genial minimal. Maximal genial.
Oriental genial. Genial monumental.
Genital genial. Genial orbital.
Oral genial. Moral genial.
Genial mental. Lethal genial.

Eloquenz und Eleganz

Wird man wieder eine Bahn verpassen,
Möchte man am liebsten jemandem eine verpassen.
Wird der Zug wirklich stattfinden?
Oder muss er erst die Stadt finden?

Wer hat das verdient?
Wenn die Bahn sich dumm und dämlich verdient...
Die Automaten gefüllt mit Scheinen,
Als sie noch in Ordnung scheinen.

Wie kann man sich wohlfühlen?
Wie kann man das Wohl fühlen?
Wer bekommt einen Orden?
Wer ist Mönch im Orden?

Sehr gerne spiele ich Mau-Mau,
Ist die Stimmung auch noch so mau.
Und wird sie dennoch mauer,
Baue ich mir eben eine Mauer.

Manche von uns würden gerne ein Fort bilden,
Manche von uns sich gerne fortbilden...
Das merken wir, wenn wir uns treffen
Und unterschiedliche Meinungen uns treffen.

Wie schaffe ich es, meinen Nächsten zu berühren?
Wie schaffe ich es, meinen Nächsten zu berühren?
Vielleicht sollte ich in einladen,
In mein Auto einladen...

Es sind oft schwierige Strecken,
Oft muss man sich strecken,
Aber bitte keinen Alkohol strecken.
Das würde wahrlich nicht schmecken.

K.O. Tropfen die Zutat,
Die ich niemals dazu tat.
Ich möchte mich nach Freundschaft sehnen
Und wirklich strecken, die Sehnen.

Wir gehen gerne einkaufen,
Manchmal ein Pferd kaufen.
Das Pferd als treuer Gehilfe,
Ebenso tätig als Gehhilfe!...

Strom

Ich steh' unter Strom,
vollkommen eingezogen,
in den Bann der Elektrizität,
die mich lädt.

Wild und konfus,
gebe ich mich den Amperen hin.
Haare zu Berge,
alles ergibt plötzlich Sinn.

Volt pocht durch meine Adern,
Stimmung geladen,
positiv, negativ,
wirken auf mich ein.

Spannung steigt,
Entladung steht bevor.
Gib mir mehr Strom,
hin zum elektrischen Tor.

Lunar

Lunar stellt den Mond dar.
So wie es schon immer war.
Ebbe und Flut, die Tiden,
Lunar niemals mieden.

Lunar, interstellar,
Schlafwandler, Lunars Handlanger,
Irren umher,
Wollen nicht mehr...

Lunar,
Mal rund, mal halb,
Mal bunt, mal Kalb.

Lunar und der Mond,
Zweisam zusammen,
Leuchtkräfte, die Strammen...

Reise der 6 Strophen

In allen Belangen,
will ich verlangen,
erlangen,
das Verlangen,
der langen Langen,
welche mir gelangen.

Kurz und knapp,
kürzer, knapper,
drücke ich aus,
was mich bewegt,
was sich bewegt.

Verweilen,
statt eilen.
Ruhen,
statt hetzen.
Entspannen,
statt bespannen.

Karma,
keine Pharmaka.
Gesund,
nicht rund.
Liebe,
keine Hiebe.

Geben
und vergeben.
Nehmen
und benehmen.
Sinnieren
und Philosophieren.

Erkennen,
benennen,
erleuchten,
freuen,
anerkennen,
hinnehmen,
beruhen,
friedlich.

<u>Müdigkeit</u>

Munter nicht,
Und dicht.
Erleben
Demut.
Irrationales
Gähnen,
Kompensiert
Erschöpfung.
Immer noch
Tiefschlaf.

Eloquenz

Erhaben
Labern
Ohne
Qualitätsverlust
Und
Eindruck
Niemals
Zerstören

Dummheit

Dröge
Uneinsichtig
Marginal
Monumental
Hilflos
Einsichtslos
Idiot
Tiefpunkt

Lachen

Lachen müsste man können.

Lachen machen Sachen.

Sachen machen Lachen.

Lache ich heute nicht, herrscht Trauer dicht.

Lache ich Morgen, verfliegen die Sorgen.

Lache ich in Zukunft, lache ich mit Vernunft.

Lass' mein Lachen krachen, mit tausend Sachen.

Lache ich gestern, ist der Frohsinn vorbei.

Lache ich in Vergangenheit, so es sei.

Lache ich mit Herz, vergeht der Schmerz.

Lache ich mit Lust, fort geht der Frust.

Lache ich mit Liebe, verteile ich Amors Triebe.

Lachen mit Erwachen, Lachen ohne Ende,

Lachen hin zum Glück, Lachen in einem Stück.

Kakao

Oh Kakao, du zart-bittere Versuchung!
Wie oft konnte ich dir schon nicht widerstehen?
Bist so süß und auch so fein,
Am liebsten 100% rein.

Berührst sanft meine Zunge,
Dein Aroma lässt meine Geschmacksknospen explodieren.
Kriege niemals genug von dir,
Du gehörst mir!

Sämtliche Nuancen der Schokolade,
Machen mich niemals malade.
Du bist die Nummer 1,
Du bist meins!

Könnte in dir baden,
Kaufe dich im Laden,
Bist stets feiner als fein,
Bist ganz allein rein und mein!

Der leere Lehrer

Es beginnt der leere Lehrer,
inhaltslos.
Er entleert seine Gefühle,
bedingungslos.

Lehren will gelernt sein,
stets,
wenn gelehrt wird.

Der Lehrer leert die Tonne,
mit Schülerkram,
das soll für Leere sorgen,
gähnende.

Die Schüler sind entsetzt,
lehrreich war dies nicht.
Wird die Tonne wieder geleert,
ist kein Ende in Sicht.

Der Lehrer gibt Versprechungen,
leere.
Er führt sie fort,
die Lehre.

Sie breitet sich aus,
leeres Material.
Der Lehrer ist belehrt,
hat ihn die Leere eingekehrt.

Der Klassenraum leert sich,
der Lehrer lehrt nicht.
Stunde vorbei,
Lehrer frei.

Wirrwarr der Liebe

Anna liebt Paul.
Paul liebt Erbsen, stopft sie sich ins Maul.
Erbsen lieben Bohnen,
sie müssen sich wirklich lohnen.

Bohnen werden geliebt von Annette.
Dieter denkt sich, was für eine adrette!
Er lässt die Augen nicht mehr von ihr los,
doch was macht Annette bloß?
Öffnet eine Bohnen Dose,
die Lieblose!

Peter liebt Erik.
Der beginnt erst bei einem Meter...
Obst. Was ein mieser Trick!

Hugo liebt Susanne,
sie präferiert die Badewanne.
So bleibt Hugo bei Hugo.
Da haben sich 2 gefunden,
ertränken die seelischen Wunden.

Meik und Maike sind ein Traumpaar.
Wäre da nicht Ansgar.
Macht alles kaputt,
Asche, Asche, Schutt, Schutt.

Die Liebe und ihre Tücken,
Elefanten und Mücken,
wissen immer noch zu entzücken!

Gefallen

Tu mir bitte einen Gefallen.
Antworte mir: „ Wirst du mir gefallen " ?
Oder bin ich mal wieder gefallen?
Geh hinaus! Dort warten Fallen...

Ein komischer Fall mit uns beiden.
Wer hat Recht? Wem kann man es recht machen?
Richtig! Richt' ich!
Die linke oder die rechte?
Strecke ich nach dir aus,
bist du im Aus.
Eine lange Strecke,
wenn ich vollstrecke.

Sind ineinander verfallen.
Bin verfallen. Nach dir...?
Was ist mit mir ?

Allein gelassen,
bleibe ich allein gelassen.

Möchte dir eine verpassen,
wenn wir uns verpassen.

Liebe, Hiebe, Triebe,
in Amors Getriebe.
Gefallen zu Erden,
weiß nicht immer zu gefallen.

Falsche Formalität
führt fortan Feigheit.
Korrekte Kompetenzen
korrigieren Kernessenzen.

Dieses eine Mal,
Dieses eine Mal,
Dieses eine Mal,
Tu mir den Gefallen
Und sei nicht
Auf den Kopf gefallen.

Geh voran, falle weich,
geschmeidig, in samt umhüllte
Fallen,
welche mir gefallen.

Die fetten Jahre

Ein Blick.

Zukunft.

Vernunft.

Doch die fetten Jahre,
kommen dazwischen,
wenn sie aus unseren Köpfen zischen.

Dekadenz statt Eleganz.
Raserei statt Ruhe.
Geld im Überschuss, führt nur zu Verdruss.

Die Jahre,
die Fetten, nicht netten, adretten, Ketten legend
durchbohren sie,
stark wie nie.

Keine Flucht. Erbarmungslos.
Träumerei vergiftet durch Intoleranz.
Die fetten Jahre zerfetzen das bisher da Gewesene.
Umgestaltung ins Verwesene.

Fette Jahre,
sie kommen.
Tick, Tack...
näher und näher...

Besserwisser

Da sind sie wieder, die Besserwisser.
Des Wissens kleine Schisser.
Denken, sie wissen, wenn sie Fakten hissen.
Treffen ins Schwarze, treffen den Nerv.
Nerven ohne Ende. Synapsen ohne Ende.
Kommen sie daher, will man nicht mehr.
Wissen alles besser, kesser und kesser.
Manchmal möchte man sie schlagen,
die verdammten Plagen, die stets das Wissen annagen.
Kurze, knackige Hiebe auf den Mund,
das wäre für sie gesund.
Geister der Zeit, nervtötend bereit, allzeit, zu gescheit,
Wenn die Menschheit ,, Haltet die Fresse " schreit!

Er, die Suche

Er hat schon so einiges vergeben,
nie wurde ihm vergeben.
Keine Preise an ihn vergeben.

Er begutachtet die Pullover-Streifen,
seine Erinnerungen, die ihn streifen.
Im Fernsehen läuft ein komischer Streifen.

Er muss weiter überlegen,
keinem Menschen ist er überlegen.
Die Fernbedienung muss er herüber legen.

Was würde er dafür geben,
könnte er sich ergeben.
Aber es hat sich noch nicht ergeben...

Stattdessen muss er sich übergeben,
die Papier-Rolle übergeben.
Er hat das Essen nicht vertragen
und beim Einkaufen vertragen.

Es war zu schwer,
Er ist genau- Wer?

Wenn komische Dinge ihm erscheinen,
wird er scheinen,
wird er sie weglocken, mit Scheinen.

Ist er auch mal blau,
der Himmel blau,
wird es leichter.
Fällt leicht, wer, Er?

Er will leben,
so vieles erleben.
Schaut er in den tiefsten Grund,
sucht er den tiefsten Grund.

Würde sich gerne mehr anstrengen,
scheitert aber an Strengen.

Wird er je heiraten?
Die Mitgift,
verpackt er mit Gift.

Eine Hochzeit wäre heiter,
doch bei ihm quillt nur der Eiter...

Was waren die dafür zuständigen Quellen?
Wäre viel lieber in heißen Quellen.

Da fällt ihm ein, sein Essen,
hat er schon wieder vergessen...

Denkt er also über die richtige Frau nach,
wie wäre es mit Naomi?
Stellt sie sich ganz doll vor, wird doch enttäuscht.
Geht auf die Silhouette zu und fragt kreidebleich: ,, Na, Omi ?"...

Meine Reise

Meine Reise beginnt...

Ich verreise,
und hoffe sehr,
dass ich nicht vereise.

Während ich es dem Schicksal überlasse,
ziehe ich noch einmal her,
über Lasse.

Meine Gedanken drehen sich fortan um Fallen,
jetzt bloß nicht umfallen!
Ich möchte nicht durch die Gegend irren,
wenn Mücken schwirren.

Sind sie harmlos,
bin ich den Harm los.

Plötzlich sehe ich einen Bock,
aber auf den,
habe ich keinen Bock...

Ich möchte doch nur abschalten,
die lästigen Tiere abschalten.
Der nächste Rastplatz kam mir gelegen,
habe dort einmal erst gelegen.

Habe meinen Trübsinn fallen lassen,
keine Gefahren mehr eingelassen.
Das oberste Gebot, der Konsumismus,
aber ist dieser Konsum wirklich Muss?

Ich muss meinen inneren Kreis wieder anmachen,
mich dabei nicht von plagenden Geistern anmachen.

Zum Glück bin ich nicht mit dem Auto unterwegs,
habe mich nicht verfahren,
sonst drohe mir ein Verfahren!

Ich konzentriere mich erneut auf Fallen,
will aber keineswegs auffallen...
Es ist schon bewegend,
wenn ich marschiere...

Meine Situation ist passend,
meine Wanderstiefel passend.
Ich liebe den Geruch, ihren,
nicht so gern den der Iren.

Es ist freilich beeindruckend,
werde schnellstens den nächsten Hügel begehen,
und hier ebenfalls keine Straftat begehen.

Oben angekommen,
bin ich ein wenig benommen,
bin ich dicht,
wie der unten liegende Staudamm,
dicht?

Bin nicht mehr Herr der Sinne,
der Damm droht zu lecken,
würde am liebsten meine eigene Vision lecken...

Es ist klar,
es ist bescheiden.
Der Himmel ist klar,
es wimmelt von Bescheiden.

Kann ich das klären,
und den Staudamm klären?

Ich fasse einen Entschluss,
komme somit zum Endschluss!

Die Tücken und ihr Entzücken

Der Name der Stadt,
dessen Wirken mir bewusst ist, stattdessen,
denke ich an die Stadt Essen,
statt Essen.

Ich würde mir gerne ein paar Bier hinter den Hypothalamus
kippen,
genüsslich ziehen, die Kippen.
Meine Stimmung schwankend, doch so drohe kein Kippen.

Wen werde ich heute reinlegen?
Wo werde ich meine Visitenkarte reinlegen?
Oder werde ich mein Opfer in den Rhein legen?

Fragen über Fragen,
ein herrlicher Klang,
welcher klang,
äußerst süß in meinen Ohren,
nahe zu hervorragend,
bisschen wie meine Ohren,
hervorragend.

Möchte Kühe treiben,
möchte im Wasser treiben,
hin zu Frieden,
so werde ich zufrieden.

Auf einer Wiese richtig liegen
und mit meinen Antworten,
immer richtig liegen.

Bin ich mal sauer,
liege ich auf der Lauer,
wird die Stimmung lauer,
werde ich erst recht sauer.

Stück für Stück,
nicht nur in der Musik,
höre ich klarer,
mir ist so einiges klarer.

Wie weit kann meine Kunst reichen?
Von den Armen, bis zu den Reichen?

Mit dem Alter werde ich bekanntlich weiser,
oder aber doch eher ein wenig weißer?
Mein guter Freund da oben, nur das weiß er...

Die finale Frage, wer ich bin und wie ich heiß?
Macht mich die Antwort heißer?

Der Tag der Tage

Der Tag der Tage,
glaub mir,
er kommt näher,
wenn ich das sage.

Meine Antwort,
auf deine Frage,
Mysterium,
zugleich Sage.

Unheil über der Masse,
Segen den ich verprasse,
wenn ich den Tag verpasse.

Goldene Fanfaren,
läuten das Ende ein,
ach, wie gemein!

Klammer' dich fest,
an des Schicksals Fest.
Bleib' da wo du bist,
zu Beginn der Frist.

Elfenbeinige Elefanten,
infantile Infanten,
blasen den Marsch,
besonders harsch.

Was kann ich dir noch berichten?
Der Tag der Tage,
wird dich vernichten.

Die Familie entzwei,
wünscht dich nicht herbei.
Frei, frei, wärest du gerne,
alt, älter, Moderne.

Umgeben von purpurnen
Hadesspießen,
kannst du den Tag der Tage
nicht genießen.

Wache auf,
nimm den Spießrutenlauf.
Öffne dich ! ...
Glückwunsch,
heute ist dein Geburtstag! ...

Fische, Garnelen und Rochen

Ein kleiner Einblick in die wunderbare maritime Lebenswelt, daher möchte ich so beginnen:

Nach frischen Fischen fischen,
und diese dann auftischen,
mit Aromen von Rochen gerochen,
die aus der Tiefsee gekrochen.

Die wundervolle Garnele,
ist sie gar, fragt Nele?
Es ist mal wieder typisch gar Nele!

Ozeanische Lebensformen,
einfach wundervoll,
machen die Wunder voll.

Möchte sie stetig preisen,
frage nie nach Preisen.
Bin ich bei Sinnen,
kann ich mich sinnen.

Manchmal werden sie chauffiert,
mit einem Flugzeug.
Doch hat der Flug das Zeug,
sie heil ans Ziel zu bringen?

An der Stelle,
muss ich mit Leid,
Mitleid feststellen.

Kritische Treffer landen,
wenn die Flugzeuge landen.
Ich werde meinen tierischen Freunden gerecht,
Geh' ich recht.

Frutti di Mare mit Reis,
wenn ich nach Italien oder Japan reis'!
Wenn ich Lobeshymnen feuer',
kommen sie frisch aus dem Feuer!

Der herrliche Duft,
ich sehe ihn aufsteigen,
würde zuliebst,
aufsteigen.

Wieder einmal mehr,
lasse ich mich leiten
und würde am besten,
das Restaurant leiten.

Ich muss den Besitzer überreden,
über Reden.
Mit ihm für mich abstimmen,
dann würde alles stimmen.

Es wäre abgefahren,
wie meine Autoreifen, abgefahren,
doch ich befürchte,
dieser Zug ist längst abgefahren...

Mittendrin statt nur dabei!

Die Einladung zur Familienfeier,
habe ich mitgenommen.
Die Einladung zur Familienfeier,
hat mich mitgenommen.

Sie habe ich mitbekommen.
Das habe ich mitbekommen.

Mit unter vielen,
gehe ich mit,
unter einer Bedingung...

Mit Leid,
zeige ich Mitleid.

Erfahre ich von einer Hochzeit,
verpacke ich die Mitgift,
mit Gift!

Erscheine ich zu der Familienfeier?
Mitnichten...
Oder doch?
Mit Nichten?

Teufels Spiel,
mitspielen.
Untermalen,
mit Spielen.

Ich habe definitiv ein Mitrecht
und sprenge die Feier,
mit Recht!

Schlecht

Schlecht. Recht. Echt.

Gebe dir Recht.

Unkonventionell.

Kein Programm.

Ziemlich durch.

Hass,

der Massen...

Möchte ich

erhalten.

Miese

Stimmung,

Gebe mir Recht.

Lachen verboten,

Wer ist denn das ?

Kein Mensch,

Animalisch nicht,

echt,

sondern

schlicht

schlecht.

„ Scheiße "

Richtig Scheiße,

was ich hier zusammen reime.

Poeten werden dichter,

wenn sie das hier lesen.

Was ist schon Rhythmus,

wenn ich drauf scheiße ?

Schemas kenne ich nicht,

komplett kacke,

was ich fabriziere.

Melodien nicht zu erkennen,

kann ich sie wieder Scheiße nennen.

Richtig miese,

was ich hier abziehe...

Warum fragt ihr?

Warum nicht?

Klumpen eines Scheißhaufens,

der beschissen wurde.

Brühe,

zu keinem Gedicht,

geht immer.

Schlimmer, böser, guter, am gutesten,

vollends

Scheiße!

Deutsche Einheit

Einigkeit, Recht und Freiheit,
Tugenden der Deutschen Einheit.
Westen und Osten,
Trotzdem verschiedene Posten.
Das Band des Bundes, die Einheit,
Doch in den Köpfen sinniert die Mauer, sind noch nicht bereit.

Deutsche Geschichte wahrlich nicht einfach,
Deutsche Geschichte dreht sich nicht nur um ein Fach.
Wir dürfen trotzdem nicht vergessen,
An Erfolgen uns messen.
Das Dritte Reich machte uns kaputt,
Doch wir standen gemeinsam auf, aus dem Schutt.

Separiert nach dem 2. Weltkrieg,
Alliierte errungen den Sieg.
Dividiert in BRD und DDR,
Was wollten sie sonst mehr?
Unser Volk gab jedoch nicht auf,
So nahm das Schicksal seinen Lauf.

Der 9.November ward stets ein schicksalshafter Tage,
Das NS-Regime übermannte uns mit viel Leid und Klage...
Reichspogromnacht, demonstrierte die braune Macht.
Synagogen brannten 1938, die ganze Nacht.
Doch wie der Phönix aus der Asche stieg unser Volk, als 1989 die Mauer fiel,
Wir sind das Volk! Eine Aktion, die jedem gefiel.

Der 3. Oktober 1990 setzte ein Zeichen,
Wir sollen nicht unseren Ängsten weichen.

„Jetzt wächst zusammen, was zusammen gehört!"
Haben damals alle Menschen gehört.
Lasst uns unsere Taten und unsere Geschichte immer in Erinnerung halten,
Nach vorne blicken, die Deutsche Einheit verwalten.

Rhein

R(h)ein zufällig passiert gar nichts,
Nichts ist reiner als der Rhein.
Ist er aber wirklich rein, unser Rhein?
Oder aber ist er reiner als Reiner?

Reiner mag den Rhein,
Findet ihn reiner als so manch anderen Fluss.
Die pure Reinheit ist des Rheins oberstes Gebot
Und ist er einmal nicht so rein, steckt er in Not.

So denkt sich Reiner,
Reiner Zufall kann das definitiv nicht sein,
Mit dem Rhein.

5 Saisons

Saison 1   Alles blüht.
   Frische Luft tut gut.
   Der Frohsinn in den Augen glüht.
   Düfte der Blumen schenken uns Mut.

   Frühling.
   Jüngling.
   Liebe.
   Naturelle Triebe.

Saison 2   Hitze keimt auf.
   Sonnenstrahlen strahlen.
   Der Zyklus nimmt seinen Lauf.
   Gestählte Körper prahlen.

   Wärme.
   Glut.
   Heißes Blut.
   Tut gut.

Saison 3   Blätter fallen.
   Wind nimmt zu.
   Jäger stellen Fallen.
   Trägheit lässt keine Ruh'.

   Laub.
   Staub.
   Nüsse.
   Keine Küsse.

Saison 4   Kälte klirrt.
            Schneeflocken locken.
            Sonne hat sich verirrt.
            Dicke Socken.

            Eis.
            Weiß.
            Spuren.
            Cool.

Saison 5   Jecke Jecken.
            Kölsch fließt.
            Masken verstecken.
            Freude sprießt.

            Alaaf!
            Rheinland!
            Bützje!
            Drei Mol!

Städte – Potpourri

Essen in Essen,
wäre vermessen.
Kann ich vergessen,
bin aber doch besessen.

Ein Haus in Essen,
habe ich nie besessen...
Werde mich nicht messen,
mit Essen...

In Bierstadt,
findet Bier statt.
Doch wo,
finde ich Bier in der Stadt?

In Sommerloch,
herrscht auch Winter.
Doch,
in Sommerloch,
herrscht Frieden noch.

Daheim,
bin ich daheim.
In Daheim,
ist mein Heim,
so endet dieser Reim.

In Altenteil,
habe ich den alten Teil.
Mein Anteil,
ist der junge Teil,
in Altenteil.

Das Fegefeuer,
in Fegefeuer,
ist mir ungeheuer.
Flammenbrunst,
die wahre Gunst,
in Fegefeuer.

Hart auf hart,
geht's zu,
in Knochenmühle.
Hier wird gerieben, getrieben,
wenn sich die Knochen einmal mehr
verschieben.

Frankfurt am Main,
oder?
Frankfurt an der Oder,
ist mein.
Für welches soll ich mich entscheiden?
Werde beide beneiden!

Meckenheim

Hier in Meckenheim,
ist mein Heim!
Hier in Meckenheim,
so beginnt der Reim!

Deine zahlreichen Felder,
sind für die Augen Gelder.
Deine Apfelplantagen und Bäume,
wenn ich wieder einmal von dir träume.

Neuer Markt,
reges Treiben,
wenn sich die Glocken
aneinander reiben.

Altendorf und Ersdorf,
kleine Stadtteile,
doch herrscht hier
keineswegs Langeweile.

Lüftelberg,
auch ein Zwerg.
Hier kann man weilen,
ohne zu eilen.

Merl,
mal sanft,
mal Kerl.
Ebenfalls klein,
aber ziemlich fein.

Keineswegs, Meckenheim,
bist du die titulierte „Schläferstadt"!
Hier bei uns findet weit aus mehr statt!

Leute geniessen,
wenn deine Blüten spriessen.
Die Königin zeigt sich viel,
was allen gefiel.

Ich möchte zum Schlusse kommen,
bin doch ein wenig benommen.
Kann nichts Schlechtes über dich sagen,
kannst mich jedoch immer fragen:

Warum gefalle ich dir?
Dann antworte ich:
Du gibst stets alles zu mir,
ich gebe es weiter,
denn Meckenheim,
ist wahrlich besonders heiter!